I0462222

－忧 郁　症－

金 莹　著

Melancholia

ISBN-13: 978-1542381499
ISBN-10: 1542381495

— 致光明幻象边缘的黑暗 —

目　录

－ 长港 －

一开始，

整个青蓝色铁锈味的早晨都在我鼻腔里。

我穿着蓝色的背心，

露出一点嶙峋的扁肩膀。

我空荡荡的胸脯上，

那么小两朵，

彩虹饼干上的奶油花。

我在安静的巷子里弯曲地走，

经过其他好多缤纷的人家。

我偶尔瞟一眼，

然后沿着有大片汽油渍的矮墙走。

我经过老张的垃圾车，

和端着大瓷碗呼噜噜吃白面的四川老婆，

喜笑颜开。

我走过防盗窗，居委会和车篷，

停在红色房子前。

半圆形上了锁的红色房子，

在那么空旷的中间，

好多眼睛从缝隙垂下来盯着它看。

这片萎缩的红裂开一条缝，

流出新鲜带着味的酱，

明亮如小孩子的血。

它们滑到墙角，

像块发烫的猪肝。

一个小男孩从旁边院子里窜出来，

蹲在墙角的野草边上，

很像正在敷着的米酒坛子。

他拿出一支注射器，里头有红色液体，

往一片硕大的叶子里注射，

还叽里咕噜说着话。

我噗哧笑，

他就站在巷子的中央，

提着那支空了的针管，

看我。

我吃了一惊。

墙上的字全部化掉，

熙熙攘攘挂着肥灰。

墙后面是一家菜馆的厨房，

做非常咸的糍粑鱼和芹菜肉丝。

换气扇裹着乌黑油烟乐此不疲地转。

我走回巷子里，

找到了那片被注射成血的叶子。

它的经脉那么明显，

还在寂静地生长。

从茸毛里渗出来的血，

在我的指肉里画了一张老人脸，

张大嘴撕扯着，

要把那片叶子扯烂。

你也要打针吗？

我转头，

看见小男孩黑色玻璃珠一样的眼睛。

我说，

我又没有生病，打什么针。

他耸耸鼻子，凑到我耳边小声地说，

我看到好多生病的狗，吃了一个穿绿色衣服的小孩。

你的衣服不是绿色吗？

我说不是绿色，

是蓝色。

他的眼睛凶狠起来，推了我的肩膀说，

你不信我，

就会被疯狗咬，然后，

你就开始发烧咳嗽，头发和肉就会一块一块掉下来，

就死掉！

他想把针扎进我的左腮帮，

我的脚踢到他的膝盖。

他跌坐在地上大声叫,

额上的疹子都破了,

右边身体变成红色,

和旁边快煮熟的房子一样浓。

我摘走红色叶子放在背心口袋里,

跑出小巷。

早点摊已经繁忙起来, 热气迷蒙。

我小心地走,

真的看见几只瘦得发抖的狗。

它们的毛东扯西拉拔掉一半,

腐烂的伤口被热气打湿,

露出灰黄色的斑和挠破了的血痕。

它们拐进菜场,

东张西望找着穿绿色衣服的小孩,

发出破碎的叫声。

卖枯豌豆的女人,

慌忙盖住锅里正煮着的豆,

端起一小锅热油死盯着这群疯狗。

它们抖了两下烂掉的皮肤，

要把七零八落的身体，

也裹成鲜红色，

看起来更是体无完肤。

它们胡乱滚，

张开口嗷嗷地叫。

我的后脑勺被叫得就要裂开。

我想掰掉下巴，

扔进有腐尸气味的死鱼堆。

热气越来越浓。

菜场里铿铿琅琅的声音，

窜进我的脖子。

头颅里呲一声，

燃起来。

我提起墙角的火钳插进脑门，

在里面鼓捣，

夹出一小块烧得正烫的炭。

我晃了晃脑袋，

觉得有粗糙的东西在一点一点吃我的光亮。

我往口袋里看，

那片红色叶子已经长出黑色的枯枝，

在我胸口戳出好多琐碎的洞。

它们插进我的心脏，

吸干血，

然后又缠住乳头，

射穿了还没长熟的乳房。

一只红彤彤的狗对着我喘气。

我合上就快要掉下来的乳房，

举起火钳刺进它的喉咙。

它开始抽筋，乱蹬，

辣椒酱啪啪溅到我脸上。

我就这样，

杀死更多的狗，

踢它们的尸体到翻着白眼的鱼头堆里。

炒枯豌豆的女人提着油往这堆腐肉里泼。

我托着左边乳房，

看那么多枯枝在身体里走出好多通道，

最后在穿透所有骨头前停住。

尸体嘭地一下烧起来。

我吐出一大堆白花花的东西，

越吐越多，

站起身就头晕目眩。

热雾散去，

人们的身体明显起来。

一个男人抱着一株人形的植物，

紧紧跟着我。

我甩开手臂跑，

身体里的枯枝刮到膝盖骨，

像点燃一根火柴。

干涩的声音震荡不停，

我忍住眼泪往前。

有只粗壮的手臂拦住我，

掰开我的掌，放了只漂亮的番茄，

上面还有水珠。

可我还是疼，只想回家。

人们在讨论我。

我的眼珠转来转去。

不知道要不要告诉他们,

有树枝在我身体里。

我拐进巷口,

闻到臭豆腐干的香味,

哭了起来。

－ 绽放的头颅 －

到目前为止，

我一事无成。什么都不是。

我在光溜溜的雾里跑，

背心前面有两个口袋。

我摸摸空荡荡的胸脯，

很明亮。

我的鼻子不通畅，

粘乎乎带药味的白色东西，

封了我的嘴。

地上全是泥。

拖拉机装满小番茄缓慢开过。

我撞到一只巨大的油缸，

被剪掉瓶口的塑料壳套在缸嘴上。

穿蓝色锅炉服的女人挤呀挤呀，

黄腻的油滑进瓶子里，

像一种，美美香香的皮肤。

两个年轻男人靠在卷闸门上，

一种姿态，

一样表情，

很沉静很沉静。

我用食指关节敲了其中一个人的喉结，

他翻起眼珠看我，

我就大口大口地教他呼吸。

如你所见，

整个青蓝色铁锈味的早晨都在我的鼻腔里。

往后看，

路面那么矮，那么狂。

带苦味的风从我胯下卷过，

硬邦邦响。

我吃掉一碗酸辣牛肉粉，

这样，我的腋窝就会流汗，

我的病就会好。

这样的我，

就瘫软，就迷幻。

我闻闻左手腕上的红绳，

突然一阵疲倦，

虫爬过鼻腔打了个喷嚏。

翠绿的树呼噜看了我一眼，

我笑得不亦悦乎。

卖汽水粑粑的人揭开扁圆的木锅盖，

热气吃了一口我，附着我。

我站在原地，

模糊不清，

等着被完全包裹，抬起，

在甜腻的热气腾腾的长港街，

飘来荡去。

可我等了很久，

双脚仍然踩着泥巴地。

热气渐渐游走，

零星的火点炽热在烧。

它们搜索着刺向我，

射穿我的身体。

我像一块蜂窝煤，

乎明乎暗。

我生活的这座城刚开始变冷，

墙上的文字就多起来。

小孩子从家里偷出晾衣架，

指着字跟跟踉踉地念。

谁认得的字多，

谁就能拿到一毛钱买糖稀。

四支细竹签缠住一陀金黄透明的糖酱，

拉拉扯扯，

直到变成灰白色。

扯不动了，

就扔了。

有脏东西黏在上面时，

也嘻嘻哈哈和进去，

笑得抖起来。

也有的搅到半透明的时候就吃，

说有鸟屎的味道。

我不会玩这种手眼并用的东西。

这手眼并用的东西，

像鼻涕挂到裤腿鞋尖，

脏得要命。

我想，

可能我脑袋里面的东西有毛病。

我的头不饱满，

冷风吹过会发胀。

我也不会放松下颚。

脖子根有东西想出来，

要撑破头皮。

我吓坏了。

直到老师说，

没人管的小孩子才玩糖稀，

他们的脑筋不清不楚，

我才高兴起来，

觉得自己是天生的，

清清楚楚的孩子。

可是我看着这面墙，

发现后脑勺和它一样扁平，

就又忧伤了。

我只能看见三分之一的景色，

要这个头做什么。

墙上的字是死的，

我脑袋里的杂碎也一样是死的。

那几根细娘娘的头发，

勉强包一锅看不见摸不着的杂碎，

不能呼吸，

也不会掉下来，

让瘦弱的脖颈累得垂下来。

其他孩子的头，

都是规则的圆，

和他们手里的糖葫芦一样圆。

我不知道这些脑袋里装了什么,

可能真是一窝糖酱。

但我还是买了一个圆滚滚的冰糖苹果,

边吃边想象,

我长出漂亮完美的头颅。

- 煤老板 -

我拐进潮湿的软脚坡，

小心又愉快地走。

明亮的光石头从脚边长出来，

托着脚掌，

大块的我湿漉漉地溶化。

我用舌尖顶了顶第二颗板牙，

甜腻的糖渣味道还在。

上坡淌下来的脏水流过石板缝隙，

咕噜噜进了阴沟。

我在被水和垃圾覆盖的石板上跳来跳去，

后背和腋窝都湿了，

于是我那么高兴。

我开始走得更快些，

想让全身都透湿。

骨头里的时间从毛发里渗出来，

粘乎乎滋润我平淡的皮肤。

这样，

脑袋就干净精致了，

里头的东西，

才能笔直地生长。

坡忸怩，

拐弯处一小片青白色光。

我紧握着糖葫芦，

眼睛不敢离开那光。

我等了很久，

视线迷糊起来。

我听到马的声音，

然后是沉寂。

拐角滚下黑乎乎的东西，

吓得我甩掉了手里的糖葫芦。

原来是只蜂窝煤。

我把还干燥着的残余捡起来，

朝那个寂静的拐角望。

木板车倒在一边，白马兮兮。

这个人蹲着，

捡起一些还没有完全碎掉的煤。

我干看着他的脖颈到肩膀的坚硬线条。

他有窄小的屁股，

和宽阔布衫。

他侧过身，我又看见他扁平的光头。

马叫起来，他抬头看到我。

身体里的器官收缩成一个点。

我垂下眼看手上的煤，

那么像自己泥泞的头。

我听到他湿嗒嗒走近的脚步和手臂的摩擦。

声音离我的耳窝那么近，

在脑袋里巨大有回响。

有个小人在践踏我的脑髓。

他从马背上的血红布囊里掏出一瓶水。

我慌张地把头压得更低，

看到自己光秃秃的丑陋鼻子，

竟然那么沮丧。

我把那块煤搓到粉碎崩溃，

指甲磕进些碎颗粒，

头皮也开始燃烧。

他在我跟前蹲下，

汗酸味盖住我，

和混浊尘埃一起，

给我愉快的窒息。

我把呼吸放得更大些，

把它们抽进脑门，

直到后脑勺鼓出泡。

他掰开我僵硬的手指，

拍走碎煤灰，倒了冰凉的水在我掌心，

然后，

卷起布衫上干净的一角擦洗。

他把衣角捏成锥形，

掏出我指甲缝里的煤渣。

粗糙的布最后裹住我的整只手，

从手腕擦过指尖，

像是刀片作齿的梳子在刮我。

他简洁的头顶渗出汗。

他的脖子和肩膀，

都是用刀片修出来的。

他走开时，

潮雾咻一下抽出头骨，

我打了个喷嚏。

他合上板车的左右两片挡板，

挂上车尾晃荡着消失。

我的手上什么也没有留下。

还是没有色彩的一片肉。

我应该切掉它，摔来摔去，

给它一个折中的形状。

我该看它弹着琴对我微笑，

看到指尖血肉模糊，

就不再管它到底指向哪里。

然后，

我就走向那一堆红色的空气，

提前离开，

无色无味长相怪异的，

上一秒。

— 情感教育 —

这里的冬天真冷。

我的身体开始干燥。

脑袋里的人吧嗒吧嗒帮我算时间,

两只手呀,

仍然长在最外端,

冻成紫色,要烂掉了。

我收好叮呤哐啷的骨头,

继续破碎地走。

地上的影子游来游去，

有好多漂浮的床单和瑟瑟发抖的开裆裤在我头上。

一张床单上印着好大的牡丹花，

要坠下来吃掉我。

长着斑点的竹竿，

把天空切成烂布头，

我太小，

轻轻一跳，

就穿过这些木扎扎的缝隙。

她漂过来，

把水珠荡到我的右眼皮上。

阳光正退去，

吸走头顶上最后的潮湿，

周围的空气也暗淡阴凉了。

她说我踩了门口新铺的水泥。

我大哭，

什么水泥什么水泥。

她打我的脸，

说我没家没教，

说我走路不长眼睛。

这女人长得那么难看。

家门口的水泥也难看。

她是个没有颜色的正在腐蚀的家伙。

她打了我，还是个疯子。

她没有才华。

她的手应该被切掉，

在脸上盖两个黑红色的横截面印子。

我叽哩呱啦地哭，

想扯掉这张被她碰过的脸，

钉进她嘴里。

她的舌头和嘴巴还在翻，

小人又钻进我的脑袋咯咯笑。

我吸到好多不干净的空气泡泡，

哭得更加绝望，嘴巴都肿了。

前面有一排雕花拱门，

拱门里炸苔巴巴的细长人影晕晕糊糊，

金黄的的声音在耳朵里跳。

我就噼啪跑起来，

跑去对面清晰的园子。

好多赤裸的小孩挂在围栏上生锈。

我喂了一声，

他们咯吱转过头，惊恐地说，

快跳上来呀，你会死的会死的。

园子里有纠结崩裂的声音，

他们的脚根长出黑色线条，

蔓延到地面，

爬向我的脚趾。

我被吸到两个小孩的背后。

他们的皮肤像葡萄糖粉末一样白。

我越过好多光溜溜的小孩，

锈铁刮破手掌，

血珠滴在透明耳垂和短肩膀上。

他们嗤嗤笑，

放开手在背上拍来拍去。

地上都是粪便和肉白色蛆虫，

无边无际一大片。

我开始流鼻涕。

我坚定地相信，

我会掉下去，

我会死掉。

园子里隆起乳白的大块方糖冰，

中央有黄色桔瓣滚烫盛开。

经脉在生长跳动，

撑开清脆的裂纹。

小孩们跳到方糖冰上面，

滋溜溜滑着，

摇着细手臂要我也下去。

可我已经没有一点力气。

他们的身体冒出冷气，

也变得乳白，

黑色线条从耳朵和指甲缝射出来，

凿碎了冰砖。

他们趴在桔瓣周围残留的冰凌上，

愉快地把果肉撕扯。

我站不稳，

掉进一片屎泥地。

我拼命向园子出口爬。

蛆虫看了我一眼，

窈窕地游走。

它肚子里有另外一个我，

也穿着有毛绒边的暗红色短靴。

那个我狰狞地爬啊爬，

哭得一塌糊涂。

我回头看，

这些孩子的手脚，

已嵌进桔瓣的缝隙，

头发和脸，

也慢慢消失，

露出沟壑一样的头颅架。

－ 丧尸与仙人球 －

坐的太拥挤，

伸出舌头，

就能舔到她漆黑的长头发。

我膝盖上有把鲜黄色剪刀，

长着两只滴溜溜的小眼珠。

我们怎么这么拥挤，

都看不见我狂乱的小手和吧唧着的嘴唇。

你大大的头转过来，

嘘，

叫我安静，

嘴撅成彤红一片。

你的鼻头有粉色汗珠。

恰。恰。恰。

可爱的鲜黄色剪刀。

她还是挺得笔直。

我把她的黑头发扔进蓝色塑料簸箕，

对你说，

嘘，

这是个秘密。

中午，

我和你被放在一张有护栏的木板床上。

你的小脚碰到我的左手臂，

我就挠你的脚板底。

你咳嗽着，

断断续续地笑。

我被几个大女人提出去，

放在一张冰凉的桌子上。

她们搬来长的像球一样的植物，

说要好好打扮我。

我看到自己的影子像个不倒翁印在墙上。

我的辫子尾巴被刨成那株植物的形状，

她们捧在手掌里玩，

笑得抽筋。

其中一个女人指着门口卖苕巴巴的男人，

说拍一下他的屁股就有糖吃。

她的食指白的像荔枝肉。

我就屁颠屁颠跑过去，

躲在那男人后面。

他的屁股上有一坨发亮的油渍。

我咂咂嘴，用手背轻轻拍了一下。

他转身，

细长筷子上的热油打到我的眼皮。

我捂着脸，

眼睛又热又痒。

我使劲掐着女人的荔枝手指说，

你他妈有病。

跑回床边的时候，你已经睡着。

袜子蹭到一边，

脚趾也空荡荡的。

我缩到你腋窝下面，

往你挂了口水的明亮嘴唇里面看。

可我找不到你的舌尖。

你把它缩到喉咙里了。

我用仙人球辫子扫你的鼻，

你大吸一口气醒过来。

你说我的眼睛怎么这么红，

我不回答，

把舌头伸进你糖果一样的小嘴。

你的舌头也从喉咙里跳出来，

涩涩的凉爽味道。

你说好苦。

我说，这不是苦。是薄荷味道。

你结巴起来，说我骗你。

我得意忘形。

我是骗了你。

我的舌尖有剪刀。

一把鲜黄色的小剪刀。

你的舌头被轻轻剪成了两片，

流了一丢丢血，

于是很苦涩。

她们搬走那盆植物，

梳直我的头发。

我看着蓝色簸箕里那束黑蒙蒙的东西，

听到她哇一声大哭。

我说，她的肚脐被戳了个洞，

里面有西瓜在慢慢长大。

你把有黄色鸭子图案的毛线衣从橡皮筋运动裤里拔出来，

掀开冒热气的汗衫往里看。

你的肚脐像赤裸的小孩腿缠在一起。

他们沿着生锈的栏杆爬啊爬，

还咯咯笑个不停。

第二天中午，

那群女人又把我从潮湿的床上提起来。

我在她们的手臂里掂来掂去，

你的眼珠冒着泡。

她们放我在宽阔的桌子边，

搬来和昨天一样的植物。

她们拆掉橡皮筋，

用荔枝手指刮我的头发。

她们的眼睛也和荔枝核一样。

她们全身滴着水，

挂到地上，

引来好多蟑螂。

她们拿来瓷花子糖水，

上面覆着一片亮绿的薄荷叶。

我咩咩叫，说碗是破的。

桌子上毛茸茸地走着灰尘，

我把小拇指伸进抽屉的缝隙，

等她们把我的头发，刨成植物的样子。

荔枝女人亲了亲我烫伤的眼皮，

拉开抽屉放梳子。

我就把指头伸进去。

后来我狂乱地哭。

女人们慌忙收起身上的水,

用荔枝核眼睛看着我。

我把手含在嘴里愉快地咬,

在牙齿上摩擦。

你看到畸形的小拇指说,

不疼吗?

才不怕。我说,它还会长的。

把你的舌尖给我,

我就让它今天多长一点,

你的肚子里也不会长出烂掉的桔子了。

你伸出嫩嫩的粉色舌头,

我只是很快的扎了一下。

呀,疼。你叫着。

我收好舌头说,

不是,这叫咸。

我抿了抿舌尖,

捂着红肿的小拇指呼呼睡着。

梦里面，

我们还是太拥挤，

所以，

你看不到我长着剪刀的舌头。

舌头上有我的时间，

灰暗阴湿，

层层叠叠。

－ 小光 －

他是我的癌症，

我的浴缸，

我的光。

他是我哈在杯子上的一口热气，

是我卑微侧脸印出的崎岖。

于是，

我把周围的空气摊开，

好让他一望无际。

草坪很绿很大，

没有声音。

草一根一根笔直着射出来，

停在我的锁骨下。

他坐在中央的空椅子里，

垂着头像夭折的鹤。

墨绿色油从椅背上滴下来，

溶进草坪不见了。

他穿着白色西装，或者绿色，

辉煌的绿色，

我不清楚。

我想掰开那些坚硬的草，

可它们割伤了我的手指，

在胸窝和锁骨间划下血痕。

我的血也像浓烈的油，

一行行流下去，

发出呛鼻的气味。

可我看到他耸泣的肩膀，那么疼，

我也哭着跑过去。

他抬起头。然后，

我看见墓地。

我是墓地里的一粒沙。

很多人奔跑着。

一瞬间无数缤纷的脊柱和肚脐。

他们空旷，寂寞，

奔跑成坟墓和草丛。

我的手指上都是血，

我往屁股上擦，

可它们又从伤痕里溅出来。

我捏紧拳头，

在白得耀眼的墓地里找奇遇。

我找到一朵有红宝石的向日葵墓碑，

墓前放了一对蜡白细长的手，

手指头指着我脏兮兮的脚。

脚上有泥，

大脚趾破了个洞，

脚板也生出黑硬的茧。

我的头发被树叶切得残次不齐，

可能再也长不长。

看看我有多腐朽！

我害怕极了，

把这双手兜在红色泡泡裙里，

最后找到了他。

我偷看了一眼他干净的下巴，

把手搁在他优美的大腿上。

可他还是不停哭。

于是我提起血淋淋的手，

摘掉向日葵墓碑上的宝石。

他的肩膀平静了。

风吹过，

撩开他的头发，

可我依然看不清他的表情。

— 阴阳之家 —

废掉的发电厂外长出厚厚的泥巴路,

满是细长的车轱辘印。

我走得很小心,

生怕掉进两边的淤泥地。

我再走一步,

就从一扇空空的门里,

看到背后长方形的微小天空。

浓稠的白光越来越亮,

要刺穿我的额头。

狼狗在叫，

一片叶子刮疼了脸，

我闻到黏糊糊的气味。

我继续在泥巴高地上走，

右手捏着一块辣牛肉味的电烤饼，

辣子油漏进我裂开的指甲里。

饼的两面烤得焦黄，中心红点一粒。

这是每个星期五我一定要吃的电烤饼。

很多车轱辘经过，

还有几步就到家了。

我看见巷子尽头挡雨的绿色檐子。

我家窗下有砖头，

一块光滑的石板勉强盖着一口大洞。

水老鼠从洞口唧唧窜上来，

躲在窗户下左顾右盼。

还有几步就到家了。

突然，

又有叶子挡住我，

打在鼻子上有雨腥味。

两边伸出更大的叶子，

锁住我的手臂和脚。

狂风扑进胸腔，

又高又长，在我腰上打结。

我透不过气。

我筋疲力尽。

一只长的像熊的狗，

从前面垃圾洞的拐角走过来，

我的肚子开始抽筋。

这次我回不了家，

我还要死了。

那只狗优雅地流出黄色的水。

我大声叫，

想让家里面的昏黄灯光听到。

叶子终于放了我。

我捂着腰推开铁门，

沉重的锁在右边墙上撞出花，

锁链在我身后晃荡。

三楼的单眼皮男人在楼道口，

提着打气筒一丝不挂，

问我是不是偷了他的凤凰牌自行车。

我好不容易回了家，

趴在一张玻璃桌上。

蜜一样的光打在上面，

我用手指碰碰，它就滑向一边。

我左手边有个塑料菜篮，

里面是洗过的白地瓜。

我拿起一片吃，

清甜清甜的。

我看看四周，

自己就在那个空的门里。

一个微笑着的男人拿一柄银叉，

在玻璃桌上撕心裂肺地划。

他的左脸离我那么近，

我喊，他却听不到我。

有女人从后面低着头走过来，

她穿着淡蓝色荷叶领衬衫，

和褶皱像扇子的长裙，

手上也拿着一只剥好的白地瓜。

我看到她光滑的鼻梁和白净的脖颈。

男人突然翘起叉望我，

食指放在乌黑的嘴唇中间，

叫我别说话。

她把地瓜放进篮子，正要转过身时，

男人把叉插进了她的后脖颈。

我抖了一下，

看她裹着黑网的一丝不乱的发。

她慢慢抬头，摸着自己的脖子。

来回走，回避我的脸。

我想扶住她的肩膀，

可她转到我身后说，

不行，这次真的要死了。

− 幼稚园 −

我找不到他们。

这个没有房门的地方空荡荡，

就我一个人。

我在玻璃桌旁坐下，

上面已灰尘蒙蒙。

手上还有残留的水，

白地瓜还是水亮晶莹，

清脆让我想哭。

我搓了搓裤子上的血，

往墙的缝隙里看。

那后面的白色天空依旧对我闪烁。

我又走到白雾前吹口气，

雾散开一条通道，露出尽头的园子。

模糊的园子。

我的脸开始抽筋。

一颗牙齿要掉了，我用舌头玩它。

不想咬下来。

我用另外一边的牙吃了口白地瓜，

吧嗒走进园子里。

巨大的车轮静止悬在我两边，

轱辘细长如针。

我在两排车轮中间小心地走，

觉得闷了，

就轻轻荡旁边的轮。

我后头一片喧哗。

突然有人踩到我的脚。

一个白白嫩嫩的小孩跑过。

地瓜滚到地上，

变成我残缺的头。

我蹲下去捡它，

一委屈，牙就咯嘣掉了。

如果不是他踩我地瓜就不会掉，

我就不会蹲下去，

不蹲下去舌头就不会乱动，

舌头不乱动我的那颗牙就不会松掉。

完整的牙居然那么丑。

我的牙怎么会这么丑。

我气急败坏，

喊着你脑袋坏了吧！

从车轮后探出一张小孩脸。

他捏了捏耳朵走过来，

捡起白地瓜给我。

我不理他，

用泡泡裙擦干净牙塞进嘴里，

还推了他，

碰到他肉乎乎的肩膀。

他的脸更白了，说你等着，

我要让你没有肚脐。

我吓得大哭。

又看到一直站在前面的，

被戳穿后脖颈的那女人。

车轮像弯曲的手臂晃来晃去，

笑成皮影。

我面对着正在抽筋的阳光，

涩涩发抖，

嘴里的牙蹦着跳着。

我的腰又开始流黄色的水。

我掀起裙子盖住伤，

动不得。

水顺着膀胱流到大腿上，

小孩看着诡异地笑，

小鼻子呼呼地抽。

他把我的白地瓜装进短裤口袋里，说，

有没有听说，你家附近有个疯子，

又高又白,

丢了东西,

一直在找新鲜漂亮的肚脐。

看到邋遢的小孩,

他会光着身体站在家门口,

趁着他们开了门揉眼睛的时候,

一口吸走他们的肚脐。

那些肚脐又圆又嫩,

还在呼呼喘着热气呀。

我的下半身邋遢起来。

我怕,

肚脐会真的突然不见。

我在一个漩涡里越转越快,

最后四分五裂。

我弯着腰大叫,要男孩滚开。

他抖了下湿淋淋的肩膀,

托着那个沉沉的口袋跑了。

伤口上的虫子,

开始繁忙地爬行。

它们在我骨头上凿洞，

然后钻进去，

爬啊爬刮啊刮，

想在里面再造一个我。

我的左腮帮抽个不停，

膀胱胀大，想要小便。

我就蹲下小便。

我看到自己冒热气的，晃荡着的脸。

这脸，

像一张没摊好的春卷皮。

我把它拧得更紧，

再扯到两个外眼角。

我用尖指甲切开浮肿的眼角，

直到看见，

躲在里面好长时间的灰尘和毛发。

我的眼睛清爽很多，

可这些虫子还在刮我的骨头。

它们低声谈论着我。

说我的腰被一只长得像熊的狗吃掉了。

黄色的水流不停，

还弄脏了清新的园子。

我那么小，

就是个模糊没有长清楚的园子。

我的骨头和肉，

本来就不完整。

我甩干净屁股，

放下红色的泡泡裙勉强站起来。

我抱住一个摇晃着的车轮，

拆下辊辘用来缝腰上的伤口。

虫子们蠕动着。

小孩从地上两片门里钻出来，

拖着一只巨大的盆。

他穿透明的毛衫，

脸也透明，像只水晶松果。

我拍拍他圆鼓鼓的肚皮，

乳房下侧的肋骨就咔啦一声断掉。

我飘忽忽地缝身体，

说身上的洞快补好了。

他眨了眨眼睛，伸出手指，

一直插进我动乱的喉管，

味道像铁锈。

大脑靠后的地方有一只猫，

在跟另一只猫说话。

怎么杀死螃蟹？

用筷子戳穿。

是哦是哦。

我的手指关节上了锁，

掌心长出指甲。

小男孩把我的腿挂在木盆边上，

然后抱起残缺的上半身放在里面。

我腰上腐烂的肉，

就在耳垂下发出软绵绵的呻吟。

他拉开一段链，

翻出一小块三角形地面，

用挂着铃铛的红绳索，

放我进了三角锥的隧道，

黑乎乎地挥手说，再见，你会好好的。

我于是开始凶猛下坠。

隧道里有暗黄的，金属一样的光，

一阵一阵穿透我。

我下降得那么快，

就要旋起来。

我想，

完了，

我就要爆炸了。

首先是手和脚，

然后是用车轱辘缝着的伤口，

接着关节会裂开，

最后血肉和内脏会像焰火一样迸开来，

燃烧殆尽。

我闭上眼数了八百五十九下，

木盆停下来，

红色绳索抖落一粒水在我手背上。

我缩在盆子里，

直到铃铛的嘤嘤声消失。

我动了动舌头，

把另一颗摇摇欲坠的牙吞进肚子里了。

周围黑暗清凉。

我伸出脚慢慢爬出去，

触到冰块一样寒冷光滑的面。

冷气刺进脚腕，锥一样。

我大叫一声，又缩回盆子里。

青蓝色微弱的光蔓延开来。

虫子一阵叫嚣。

我的眼睛，耳朵，乳房，子宫，大腿，

诚惶诚恐。

愚蠢的心脏在膨胀。

我抱着一摊遥远的骨头，

上面还有我的名字。

很恶心。很恶心。

— 幽灵地 —

泡沫进了眼睛。

小男孩也不见。

我在一个塑胶帐篷里,

穿淡紫的拖鞋。

几颗柔滑的手指稀疏地挠我的头皮。

我眯着眼, 被扯得前仰后倒,

板凳咯咚响。

我还穿着白色有橡筋腰的灯笼短裤。

我的脑袋站不稳,

总往右偏。

我这顶湿头发摇摇坠坠，

稀薄的碎头皮快溶了，在眼睑边上晃。

那双手捞起我的头挤了挤，

我的上下牙齿撞了一下，

差点咬到舌头。

我生气起来。

我低头看到那双脚，

趾头十分整齐，也穿着淡紫的拖鞋。

空气水白透湿。

我在帐篷上画了条线，

食指肉上竟留下白灰。

她拉开篷的一条口，

溜肩膀的弧线也响起来。

我跟在她后面，

偶尔看她不完整的后背，

和锈迹斑斑的天花板。

她在墙角的水龙头前停下，

嘴套着一根细水管，

口已裂开，用铁丝箍着。

水管那么长，

坠了一地，像蓝色的肠子。

她找到水管的末端给我，

要我牵到大木盆那里。

我打了个喷嚏，拎着水管又走回去。

我的脚趾每走一步，

第一个关节就陷进去，

挤出白嫩的肉，

看得我心里一阵欢喜。

蓝色弯曲的路也开始左右摇摆。

地面有泡，

纹路明亮，腐烂开来，

汩汩窜进脚板底。

我的手也焦灼起来。

右眼睑有粒水泡磨擦我的眼球，

奇痒难耐。

我用三根手指捏起眼皮，

胡乱刮着那个单薄的水泡，

听到噗的一声响。

我手中，

竟牵着一束皱沓沓的脐带。

上面丝丝囊囊筋筋挂挂，

吃进我的虎口。

稀疏的头发从我发白的趾头间冲走了。

我慌忙蹬了拖鞋，

脚脖子陷进窄小肮脏的排水沟。

女人在我身后提起我的小腿。

我仍然哼哼唧唧地哭，

也不想放脚回拖鞋里。

水停了，

我缩在木盆边缘，

终于看到她宽大的盆骨。

角落里有个高至天花板的红色圆桶锅炉，

粗糙的出水口涂着白色油漆。

她端了口圆锅蹲下，

搭了毛巾接水。

水柱轰隆滚出来。

她盯着水看，胸脯挂到膝盖，

露了后腰上白色的肉。

热气像飘游的丝，

在她白花花的脸上滑。

我在房间的这端并拢小脚，

脚骨在前后摇晃。

我静静地等，

等她含着一鼓子烫水走过来，

噜起嘴要我站开些。

帐篷很高，

头顶就是一团潮嗒嗒的雾。

我像坨湿面团。

黄色的布由背后向怀中裹好，

双手正扣在阴部，

打了个纽扣大小的结。

我就又像只虫茧了。

女人抱我进了木盆，

热水就浸过布，

烫进我的每一格毛孔。

我说，

膝盖还是冷的呀。

她把毛巾荡上热水，

对着我的骨头一泻而下，

冻硬了的碎疙瘩，

就呲一下消融了。

从蓝帐篷里出来时，

我穿了有浅色小草图案的长袖秋衫，

盖着滚热的屁股根。

外面的雾气一层一层醒过来，

从两腿间凉飕飕地过。

它们像蛛丝缠住我，

我又撕又咬，

眼前竟现出自己的面容。

那脸也像雾一样稠淡不定，

四处张望。

模糊的手指从正在生长的脖里爬上来，

淘米一样搓着这张脸。

它就战栗，就惊慌，

就渗出灰白色的花。

我用手掌抹去这张脸，

雾气又收缩成一片更坚硬的皲裂面容。

破损的边角刮着我的皮，

我小心拈起来看，

底下还藏着一层黄透了的粉末一样的脸，

悠然璀璨地笑。

我瞅见它咯吱咯吱的样子，

惊讶至极。

我乱抓，

抓掉了女人挽裙角的木夹子。

墨绿色长裙垂下来，

我在裙的边缘走。

美好的手感，

在朵朵蒸汽里甜蜜欢快地摆动。

我放下眉毛，

又耸起眉毛，

发现了扁平额头上厚重的肉和黑皱纹。

我冰凉的右手伸进左腋窝，

揪下我的淋巴，

闻她奶萌萌的香味。

我不以为然地回头，

看到小男孩站在蓝色帐篷旁，

戴着一片线帽蒙住耳朵，

朝我惺忪挥手。

他撅着屁股把大木盆拖出来，

朝里头看看，

然后踮起脚拆我的蓝帐篷。

水蒸汽磕磕碰碰荡下来，

打在他短小的鼻子上，

他呼呀甩开咳咳笑。

我不再看他，

怕屁股里又流出白雾一样的东西。

我的小拳头还是拎着摇荡中的裙，

淅淅沥沥，

在冷却下来的空气里面甩。

我的牙齿杂乱地响，

右手一直玩着柔软腋窝里的肉，

脸也和刚刚遇见的面孔一样，

四处拉拽要被揭掉。

我摇头晃脑，

把它晃得滚圆饱满。

我一直往前走，

经过一盏起了毛边的跷跷板，和咯吱响的圆轱辘。

我推它转起来，跳上去窝成一团，

把薄秋衫扯到脚跟，

裹住冻着生疼的膝盖和脚踝。

我取下黑色橡筋箍在右手腕上，

靠着栏杆转啊转。

门中间的女人，

走上两步高的台阶，

推开满是污渍的细长木板。

一只空阔的自行车歪在我右上角，

坐垫破了，

冒着黄色稀疏的泡。

我的头发扯住圆辘辘，拉下一片锈铁皮。

我在一整面绿色的墙前面停住，

看到整齐的两排窗户后有人走过。

他转过脸看木隔栏后的我，

我对他挥手。

那一小块铁皮挂在眼前，

像模像样。

我把冻在一起的头发放在耳朵后面，

再抬头看时，

那些窗户像烧破了的眼睛，

空空盯着我。

我站在幽灵地的中央，

看天台上飘荡的白色褂单。

喂。 我朝楼上大叫。

有人在我右耳朵旁脆脆地啃着苹果。

我突然那么悲伤，

就往角落的台阶走去。

我用脚支开木板门，

看见蓝色的狭窄楼梯。

一个瓷碗撞到我脚边，

冒热气的汤米粉丝缕缕往下滑。

我绕开它踮脚上去，

又爬过十五阶楼梯，站在一块短粗的走廊上。

我用力拔黄锈色的门栓，

门板在地上擦，

差点蹭掉我的另一颗门牙。

我站在清冷的白色房间里，

看桌子中央一支高高长长的物理天平，

零碎地摆动。

— 妈妈 —

我站在离她最远的左边,

看不清她是谁。

白色沙滩的右上角有一截断掉的铁轨,

她在轨中间对我挥手。

对我宁静地微笑。

她轻飘飘站着,

没有衣服,

只穿着乳白色的连裤袜,

两腿之间生出一朵花,

悠长地一呼一吸。

她的脚陷进沙里。

我看着很悲伤。

我大声叫，为什么要站在那里。你会被轧死的！

她还是对我宁静地笑。

她的膀胱鼓出来，

乳房要凋落。

我往前走一点，

列车就闪进我的右侧，在铁轨边噗地停下。

女人慢慢转过身，

走到铁轨的另一边，笔直进了血骨朵盛开的车厢。

我眨了一下眼，

列车又突然不见，剩下断铁轨。

赤裸的女人依旧站在原地，

向我挥手。

我更加伤心。

器官揪成结，

子宫也疼起来。

沙滩灼伤我的皮肤，

女人的身体也像白沙一样刺眼。

我大汗淋漓，用手挡住眼，不敢再看她。

她的身体黯淡下来，

刷满了石灰。

右边乳房一片一片往下掉，

露出红色的肉。

她缓缓垂下手，

不再微笑，

缩着肩膀背对着我。

皱纹在她屁股下面挤出黑色的水，

血管从脚跟凸出来，爬上小腿，

吃进透明的脊椎里，

最后爬进她的后脖颈。

铁轨下生出烟灰一样的花，

碎成一滩白沙。

— 谣言 —

某天,

开始有白色没有窗的车停在小学校门口。

面容像沙的女人,

提着白净的小箱子走进来。

她们也穿乳白色的长袜,

一直伸进白色外套里。

也盘着滚圆的发髻,

裹着黑色的网,

露出细长优美的脖子。

我听说,

她们会剪掉你的小鸡鸡。

你吓得鼻涕流出来。

我又说, 如果,

乳房肿得那么大,

她们就把针穿进我的肚脐。

于是我们躲进厕所。

脏水从檐上滴下来,

我挪开一点, 碰到湿漉漉的墙壁,

那上面挂着一只肥大的蜗牛。

我看着它半截蠕动的身体,

噗一下,

挤出一点尿, 浸湿了内裤。

我走到厕所最后面的格子里蹲下,

忘了卷裤脚,

台阶边上黄色的水吸进去,

我伤心极了。

我抬高一点屁股,

我的尿滴进水沟又溅到屁股里。

我急得想哭,

这次真的有脏东西进去身体里面了。

我肚子里会长牙齿,

吃光我的肠子,

最后我的内脏会不知不觉地腐烂。

我说不出话来。

那女人微笑的脸从我屁股后面飘出来。

她对我挥手,

顺着后面的水流温柔地远离我。

我越来越哀伤,

哭着说不要不要。

不要笑成这样。

不要对我挥手。

我捂着肚子躲在厕所里不出去。

蜗牛只走了一根大拇指的距离。

那些白花花的女人要抓我去打针,

是因为我精神不集中。

她们带我到一个鲜黄色的圆形房间,

里面挂满了褐色的手巾。

我在一个扁平的器皿里，

皮肤像包谷叶子被扯掉。

我的屁股骨头撞到冰冷的缸底，

叮一声响。

有个女人在我嘴里塞满各种颜色的软糖。

她取下自己粉红的手掌放在我左边，

看我吃那些糖果。

我嚼啊嚼，

又涩又苦，

还磨破了天花板。

我把糖渣吐在那只手掌上，

看到无名指的指根有一点梅花痣。

她又给我看一本插画书。

书里面，

我和穿着短裤的男孩去了有大大亮光的仓库，

附近有很多栅栏。

我让他在两排栅栏中间行走，

它们交错成花丛，

在他简陋的影子下蔓延。

他背对着我,

短裤被风吹得哗啦响。

我们到了宽阔马路的中间,

他站在黄色警示线上说,要小便。

我觉得好笑,

盯着那颗梅花痣,问女人,

你身体里是不是也长着枯枝。

她拿开那只手,

走到旁边的盥洗池,撩起白上衣,

低头咬断了水龙头上的锁。

她冲洗她的手窝,

冲出一个明亮的洞,

手指一节一节卷起来。

她从钢丝上取下一块手巾,

蘸干每根手指上的水。

我吓得说不出话来,

舌头下面又冒出粘糊糊的脏东西。

她走过来,按住我冻坏了的肩膀,

把手掌插进我的嘴。

我的嘴角嘶嘶裂开，

我大口呼吸。

她用一支纤细的钳子夹住我的舌头，

拉到天花板上，

然后把头伸进舌头下面仔细看。

她的头发像椭圆形的树林。

我看见她浅浅的唇纹和灰白色的鼻洞。

她一点一滴地说，

不，要，怕。

她放出愉悦的光，

在我左脸颊亲了一口，

剪断了我的舌系带。

腥味灌满了整个口腔，

我的舌头像块胶皮，

呃呃抖动，

眼泪流进耳洞里。

其他几个女人挂在钢丝上，

垂着眼，

东倒西歪地看我。

女人把我的舌系带扎了一个细小的结。

她拿走那只插在我嘴里的手，在手腕上装好，

然后也把自己挂在钢丝上，合上眼。

我收拾好自己的腰，

身体从下往上都变成红色。

我从器皿里走出来，

手拿着麻酥酥的舌头，

脚掌粘在黄色的地面上，

啪啪作响。

－ 白色小孩 －

金黄色天花板旋转了四十五度,

长出黑色幼小的花,

指着墙面上一口空白的钟。

我光脚继续走。

走廊很长,

呜呜的风在那边遥远地吹。

硕大的青绿色的花躺在前面,

像一张漂浮着的床挡住我。

我用嘴唇轻轻抿了下花瓣,它就化掉。

风越来越大。我走了很久很久。

走到左边盆骨变得肿胀。

走到鲜黄色的墙放出光滑的银灰。

我扶着墙往尽头走。

旋转着的出口里有巨大的风要卷我下去。

我的舌头下面又分泌出糊状的白色东西。

我就一直掉。

掉在一个凉飕飕的后街角落。

这时,

那个小男生嗖地一声抱走我。

我的手指仓促摸过冰凉的铁栏杆,

上面漏出绿色的液体。

他把我套进一条短裤里面,

宽大的蓝色格子纹包着我,

我很迷惑。

肩膀里面有光滑的东西经过。

我想着,

我和他亲吻亲吻。

原来有些人的亲吻,

会这么热。

他按住我的肩胛骨，

在我澎湃的太阳穴里找氧气。

我继续装腔作势地想，

他只是有点暖和。

这么冷的天，

他怎么会这么暖和。

他的眉毛中间有脏的纹，

身上有湿的锈。

肩膀上似乎还停留着干枯的花瓣。

他走到哪里，

它们就悠悠扬扬飘到哪里。

我的头发长长了，

他碰了我，

我的后脑勺就有了热气，

于是我开始昏昏欲睡。

他取出一个红色手电筒，

翻起我的舌头滋溜溜地说，

啊，她们给你做了舌系带手术啦。

可我那么累,

不停打着哈欠,

在烘热的空气里半睡半醒。

他用三只手指在我额头上轻柔地刮着, 说,

乖乖的, 不要乱跑。

再下次, 就不帮你了。

花瓣在他肩膀上蹭出一条血迹,

然后落在地上。

我听到锁链的声音。

我的四肢和肩膀冰冷。

我夹住双眼, 紧紧抱着他。

穿过侧腰触碰他温暖的胃。

他转过肉乎乎的身体,

拿起我的右手, 用力压我的虎口。

手掌要裂开,

一根绳窜进手腕,

蔓延到我的盆腔。

我继续降。降。

仍然是褐色的光刷过眼前。

他的嘴小小张开，

上嘴唇中间有一小朵很可爱的肉。

真美。我说。

— 动物与花 —

我们停下来。

热气盖住我的喉咙。

脚踩进白雾里，碰到冰凉的地面。

我缩回脚看，

脚趾头已经通红。

这里的天空黑下来，雪开始下。

这是个没有墙壁和角落的房间。

蓝色的玻璃奶瓶碎了，

大大的赤裸的桔子挂着。

桔瓣被切成薄的一片片，

每一片裹着一个光身子的小孩。

他们喝呲喝呲睡着，

太阳穴冒出泡。

这些大桔子无边无际，上下浮动，

慢悠悠地旋转。

雪掉进小孩眼睛里，

一片灿烂的闪亮。

我的头皮又有了热气，

奇痒难耐。

我歪着脑袋用小拇指抠下一块瘀痂，

放在手指肉上仔细看时，

它飞走了。

一只鸟背对着我，

一动不动。

我看到它饱满的羽毛。

我抱着小男孩的肚子问，我们要去哪里。

他就又嗡嗡地笑着，

蹭我的耳朵。

暖和的我迷糊得左右摇晃。

他说，要带我去看他的房间。

我一边走，一边看桔子里面的小孩。

我看到小小的软绵绵的手和脚。

我停下来，

一片桔瓣切到我的右手臂。

里面的小孩睁开眼，

对我打了个哈欠。

他在桔肉里划了一条缝隙，

招着小手让我进去。

我凑近那个细长的口，

看见里面开满了新奇精致的花。

男孩用手指弹了一下懒洋洋扭动的花茎，

那朵花噗哧浮起来，

飘到我的脸前面。

她在我鼻尖上挠，

痒得我跳起来。

我正要张开脖子钻进去时，

男孩抱走我的腰，摔我在一边。

他狠狠踢了那片桔子,

里面的小孩晃荡一下,

朝他做了个鬼脸,

把细长的裂缝合上。

他抓起我的腰挂我在他肩膀上。

我有点生气, 不停扯他的头发,

他也不理。

我们走到一个长方形的空地,

那里有一圈暗淡的破房子。

天空低矮灰暗,

雾气淡下来,

露出青灰色的地, 浅浅的裂纹,

和大片的水迹。

我闻到小孩子的屎尿味。

旁边的台阶上坐着一个女人,

挂满灰白色的布。

她慢慢地裹自己。

一个肚子滚圆的小男孩提着一个铁壶瞟了我一眼,

踮起脚往那女人头上浇水。

角落就亮起了橘黄色转动的光，

落在女人头发上，

嘀嘀嗒嗒。

我看见一条黑红色的隧道，

又听到解冻的声音。

然后是巨大的呼呼声。

呼呼呼。

男孩鼓起腮帮吹她的头发。

这些头发就像干枯的手，

在雪里生长飘散。

咔嚓咔嚓。

一只细小的老鼠被剪掉了尾巴。

咔嚓咔嚓。

很动听。

一个同样细长的穿红色燕尾服的男人，

把下巴啪嗒一声搁在我的左肩窝里，

举起自己的手掌仔细看，

有刺正在茁壮成长。

他侧过头，

说那不是他的手。

他的头那么重，

我抖也抖不掉。

他拉开我的上衣领往里看，说要找剪刀。

我扯下了他左边的一小撮眉毛。

于是他在台阶旁蹲下，

拼命摩擦长满刺的掌。

我摔倒在地上，

屁股坚硬冰凉。

男孩的手指放在我的脊椎骨两侧，

用力想提起我。

我躲开他，

那些手指就在灰尘里变成明亮的冰晶。

背后有骨头碎裂的声音。

我转过身，

看见自己正咬着自己的脚趾，

嗝嗝。

找我要剪刀的男人心满意足地笑。

下巴放在台阶上，

我的身体慌张成一片一片。

一直躲在我身体里的幼虫，

愉快地溜出来滑走。

我颤抖不停，

到处找他肉乎乎的肩膀。

我那么想他，

却没有力气站起来。

他走进一扇红色板门，

我气喘吁吁地跟进去。

房中央有巨大的风扇在转。

我记不清是什么颜色。

它们转得很低很低，

很优美。

他光着脚往前走，

脚下生出银色的弦。

这些弦浮在房子里嗡嗡颤动着。

我抬着头对他大叫，

喂，你怎么会有这么大的房间。

可我好想撒尿。

膀胱要爆掉。

我的前面有一面墙的黑暗，

地上有一块火红色的圆地毯。

我很高兴，跑过去坐在上面。

这时候，

他站在大格子窗户下面，侧过身看我。

那些巨大的，

一格一格的灰蒙蒙的亮光，

让我又想睡了。

看见我在圆地毯上蹲着撒尿，

他咂吧咂吧粉嫩的小嘴，很不耐烦。

我提好裤子跑到他旁边。

他从左边的黑暗里，

拿出一本巨大的书，翻动着书页，

一些鲜艳的颜色流过我的左眼。

我说等一下啊，太快了。

他就唧唧唧地咬牙切齿。

书里有棒棒糖，不同的绵长颜色，

上面还有精致的黑芝麻。

于是我飞快地往前翻书，

终于找到中间暗紫色的软糖棒棒。

是山楂味道的吧。我问他。

他没有回答。

我沉重的头，

也突然间转不动，

看不清他的表情。

书那么大那么香，

我想占为己有。

可我精神不集中，

抽不出那根糖果。

我的后面，左边，和右边，

都是不太浓的黑暗，

只有他刚刚站立过的大窗户前，

有一桢一桢的光亮在燃烧我的神经，

像热水冲着我的乳房和脖颈。

然后，

我一阵阵不停息地冷却。

我的乳头纠结成干枯的花，

心脏掉进左侧盆腔里，

撞来撞去。

我找不到他。

屁股里面流出白色的东西，

浸湿了宽大的短裤。

我累，

潮湿温暖。

我的鼻好像被切掉，

钻进滚烫的风。

－ 肚脐 －

我就是回不了家，

找不到那个半明半暗的园子。

我留在小学校里一个人玩倒挂金钩。

有个男人，

塞一支黑色铅笔在我口袋，

捏起我的腰，

放我在搭着绿色塑料篷的屋檐上。

他挠着鼻子自言自语，

薄嘴唇裂出血来。

他说自己得了怪病，

把影子射进我的肚脐才会好。

我说这是妈妈给我的肚脐，

她让护士小心地剪出漂亮的圆形，

我要藏一辈子的。

你没有漂亮的肩膀，

不能碰我的肚脐。

他喜滋滋地笑，将我倒挂起。

他的手掌捂住我宽大的皮筋短裤，

突然使劲捏它。

我哭到皮肤裂开。

你坐在屋檐的另一头，

鼻涕挂进一片黄色叶子里。

你用黑色眼睛平静地看我。

那男人蜡黄的手，

晃来晃去，

粗厚的茧蹭破了我的额头。

铅笔掉下来，

我抓到它乱戳，

戳了左腿膝盖，钉进去一粒胎记。

铅笔又掉下去，滚到你脚边。

你捡起铅笔在自己的肚脐周围，

画圆形。

你左摇右晃地画，

像个自娱自乐的老人。

那个男人的手越来越重，

就要扯烂我。

他含糊地说，

你左右两边不对称呀，

干脆缝起来变成一块吧。

我像猴子一样尖叫。

你疲惫地动了一下嘴唇，

突然就用铅笔戳穿了这个男人。

他身体里的许多血咕噜咕噜往外喷，

肚子像朵被踩烂的花。

那些血滑进我，

你的黑色眼珠离我那么近。

你撩开泡在血里的我，

轻轻说，擦干净吧。

我说，不对称就不好看，我要缝啊。

你的短粗眉毛耸起来，

额边的头发也耸起来，

像松鼠一样看着我。

你提起上衣的一角给我看。

原来，

你没有了肚脐。

你缝起了自己的肚脐。

你在上面装了一粒红色的扣子。

我的四肢和肩膀都凉了。

你用食指挠着我的额头，

用铅笔上的橡皮，

擦我下面的皮肉。

我弯过身体抱紧你的腿。

手臂穿过侧腰，

触摸你温暖的胃。

－ 又一个西西莉亚 －

到现在为止，

我还是一事无成。

我很想让乳房快点饱满起来。

你嗯嗯地笑，

肚子一颤一颤。

那以后，

我偷偷回去过那个鲜黄色的圆形房间，

抓住几片飘荡着的花瓣，

噗呲一下跳进那朵巨大的花。

我踮着脚，

扯断纠缠的枯枝，

拿走那口空白的钟。

我回到你的房间时，

钟面上开始有时间生长。

我把钟放在你脸上，

指针焦灼得变形，错乱回转，

最后弹到我的额头上。

我拿走坏掉的钟，问，

嗖地一声抱走我之前，你在干什么？

你不说话，

翻过身翘起脚板给我看。

它很宽，

上面是一路踩到枯萎的花枝和泥，

它们长在肉里，

直到撑开你的身体。

现在，

它们还在长。

你愉快地笑，

笑到我的子宫疼，

身体里一片红色。

我把粗糙的腿搭在你的膝盖上，

给你看我枣红色的手指。

我说，有一次，

我扒开了好多坚硬的草，

它们切碎我手指上的肉，

就像削萝卜一样。

我很得意，掀起上衣说，

看，

我的身体很碎，

而且会越来越碎。

其实，

我应该更碎一些。

你侧过脸，眼睛眯成一条缝。

你不相信我。

我看到你漂亮的怀疑的眼睛。

我是一只没有才华的蛋。我说。

我脱掉衣服,

抽走缝在腰上的钢丝。

身体里那堆东西就像鸡蛋清一样,

稀里哗啦往下坠,

落到你脚边。

我继续说,我有病。

我总看见一个漂亮的,

对我挥手微笑的女人。

有一次我躲在桌子下面,

她白皙又健壮的脚踝经过,

我那么害怕。

我不知道她是谁。

我一直逃,

逃到高高的黄色大门前。

我推开门,

进去一个满是灰尘的仓库,

里面放着各种角色的戏服。

仓库那么大,

我不知道该躲在哪里。

我拼命往前跑，

左边有一间厕所，

细长的门咯吱咯吱摇摆，

右边是两排弯曲宽敞的楼梯。

从楼下涌出好多嗦嗦干燥的男女。

我的眼泪就要出来，

掉转头进了厕所。

酱色的大便漫出马桶口。

我脚上没有鞋，

只能呃呃哭着逃走。

我爬下楼梯，在人群里挤撞。

我扒开两片厚重的泥巴棉帘，

穿过生长着绿色墙壁的狭窄走廊，

终于找到热气腾腾的锅炉房。

右前方的门上了锁，

从缝隙里能看见外面的日光。

我挤啊挤，

从一个窄小的木栅栏中间，

进入满地都是木头屑和干草的盘旋楼道。

我爬上天台，

那女人拿着一只透亮通红的冰糖苹果，

轻盈站在边缘。

她的头发浓密乌黑，

搭在圆润的左肩上。

说到这里，

我亲你的耳朵沟，

然后顺着你光光的耳根，

咬了你的脖子。

你的汗毛站起来，

坏的皮肤一块一块往下掉。

骨骼干燥地响。

你的嘴唇嘟起一个漂亮的弧线，

但鼻息那么弱。

我的眼皮干巴巴的，

还没长开的外眼角，拱出黑红色的斑。

我说我很想杀一个人。

我跟她睡一个房间。

她学我穿一样的衣服，说，

哎呀，我们是一样的呀。

她喜欢翘半截白腿，

吃红白色的马来西亚虾片噼里啪啦。

有时候，

她的所有器官会突然说话，

像一堆粮食在摩擦，

它们砸在我头上，

让我呼吸困难。

后来我就戴了顶硕大的帽子去打针。

是咖啡色和红色交织的大毛线帽。

那些声音反而变得有回响，

沁进头皮。

我的病开始恶化。完全集中不了精神。

我的神经左顾右盼，

骨头一张一合。

有一天，

她拿了个漆黑的文具盒来，

里面有各种颜色的细长纸条。

她的腿在床沿上荡来荡去，

叮叮叮。

我的眼珠就又开始转动，要掉出来。

她翻出一张白色纸条，帖在我帽沿上说，

这是他给你的。

我努力地翻起眼珠向上看，

什么字都没有。

她就又开始旁若无人地荡腿。

下一次，

我要藏一把刀，

在她傻笑的时候把她的背捣成浆，

然后拧成麻花挤干她的血。

再然后，

切掉她的田鸡腿，

放进她自己的储物箱，

和她没有吃完的虾片一起腐烂。

你的鼻子轻轻揪起来，

眨了下眼，问她叫什么名字。

我把囟门上的一根金色头发捋到耳朵后，

仔细地想她的名字。

我就想。左摇右晃地想。

兴高采烈地想。

我的右眼在抖，下眼皮有点累了，

而且肚子饿。

我噘起嘴，闭上眼，拉长左颈。

手指顺着左边锁骨在肩胛骨上饶一圈。

这些骨撑着我正在被风化的皮和肉，

很壮烈，很沉默。

空旷又浓郁。

突然，

我看见自己的头泡在一个水缸里，

脸上的皮肤垂下来。

嘴角也垂下来，

下巴突起像个饭勺。

我吓得差点断了气。

你点了一下我的左边太阳穴。

我的腮有点酸，

切了一半的板牙又干又涩。

我扭动一下三角区后看左边，

就看到自己。

再转头右边，

才看见你。

你的脸那么大，

烧伤了我的神经。

你的眼睑碰到我的外眼角，

我能看见，

眼皮内侧和眼白触碰的边缘，

有水，

很滑润很温和的水。

那口钟又开始吧嗒吧嗒地走动。

我的泪腺里长出你明亮的皮肤。

我已经是一只出师未捷身心俱亡的死孩子。

你离我的某一处灵魂，

那么远。

我想穿透你，

声嘶力竭。

— 三层楼传说 —

他倒在长长的沙发上，

只有尖下巴有光。

我被抽过去。

可我不想抱他。

我想到他其实可能只有一半身体，

就不想抱。

他咕咕地叫我，

说别把手放那么远，碰不到。

他艰难地把它泡在水里，

只有沉下去能听见。

可是，我不想抱他。

小指关节被偷走的方向，

我看见一条隧道。

他掰过我的小指摁在他屁股上。

我碰到粗糙的皱纹和一团肌肉。

体内喷出的流，

想要逾越我的口腔，

又突然被抽走。

他又把我的小指关节掰到他身体中间。

我的脑袋后面，

有椭圆形的黑气球在飘。

我想在他身体上面打蜡，

然后用针扎满洞。

他突然捂住我的嘴，

那么粗鲁，

要把我整张脸压进枕头里。

我汗毛竖起，

所有器官爆裂开来，

像生吞了一条命。

现在这条命在我胸腔里打滚,

挣扎着要逃出来。

我死了。

有个人要我死前那点饱胀。

要我浑身抽搐。

要我恐惧, 反抗。

他看着这样的我,

想着有一个生物体,

被他湿漉漉的手压着叫不出声,

想着她的高潮在他里面,

碎成一滩什么都不是的东西。

耳朵后面有很多腐蚀的叫声。

哀号着,

像死了人。

我就是死了。

可我应该死在那个隧道里,

慢慢走着,

就这样走死。

偷骨头的人也应该一直跟着我,

看我始终找不到骨头的时候,

继续无邪地笑,

浑身都笑出水来。

吧嗒吧嗒。吧嗒吧嗒。

我努力把头转过一点,

想听清楚水从他皮肤里沁出来的声音。

就像把我的心放在阳光下烤,

直到燃起来。

然后,

吧嗒,吧嗒。

我的脚后跟有点凉。

我没有多的骨头,

像条腐鱼。

当身体重到要破裂的时候,

我匆忙回家,

站在玻璃缸里。

我仔细捏自己的结界。

真疼。

我的头撞不破,

因为他在里面总是睡觉,

偶尔会不停换衣服,

让我不知所措。

他开心地换衣服,

我就开始偏头疼。

他的衣服挂在我脑袋里,

无比繁华。

想想, 原来他的肩膀,

这样宽。

我的头里,

存着一排排他的肩膀,

无比繁华。

当肩膀越排越多时,

我就皮开肉绽看看自己的生命。

可是没有血出来。

毛孔里也没有水。

他偷了我的骨头, 还有所有的液体,

消耗着我的生命。

如果不被消耗，

我应该会从关节处拆了骨头重新排列。

然后，

检查能否长出和他一样的肩膀。

这是多么美好的事。

可在那么长的时间里，

这些陌生的毒在我粗糙的通道里蠕动，

而后呛死，

还想让我拔不出它。

我不通畅，

我的光被挡住了。

他断断续续像条虫的影子。

他跳呀跳呀，

回头说，

笑累了，骨头也偷够了，要收走所有华丽的衣裳。

我看他越走越远，

肩膀变得好小。

那么小，只有一点点，

像蚊子一样叮着我的心脏。

那些人用大手压住我的脸,

还把它塞进枕头里。

他们重重地坠在我胸上,

拨我头发,

咬我嘴唇,

用牙齿刮我的毛孔。

我的乳房剩下一半,

中间生出红黑色的疮。

有个人的手捏过揉过,

想要造出个什么形状。

他心疼地看着她们,

安静地吸啊吸,

想把里头那块硬邦邦的孤独拔出来。

现在它们湿湿软软,

跟妈妈的一样。

皮肤里粘满灰尘,

我成了干瘪发黄的老人。

我就坐在这里,

手心发汗。

脑袋越来越扁,

像晒干的柿子。

我被打开,

变得很薄很空,

在自己眼前飘散。

- 偷骨头的人 -

他又来偷我的骨头。

他把我从那张红色毯子里拎出来，

放在一块蓝色布上，

拽着布的一角飞快旋转。

他没有眼睛，

我的鼻尖刚好够着他柳叶一样的发梢。

他用布条贴住我的手关节和膝盖手肘，

甜蜜地笑。

我就开始咯吱咯吱地移动。

我的骨头在他指缝中间，开出了花。

颤抖一下，然后不见。

他笑得无邪，又声嘶力竭。

他把嘴张那么大，

还是不能发出所有的笑声。

那么开心，那么美好，

我被他的笑声吸进去。

被偷的那些骨头，在摩擦，

他的黑色头发还在柔柔飘。

我一直等，

等到哪天能从缝隙中找到他的眼睛，

看里面，

是不是全都是我的骨头。

可是后来我哭到呕吐。

一想到他，

我就哭到呕吐。

我缩着肩膀短促呼吸。

眼角哭出了沟壑，结满冰霜。

我的胃在膨胀，

胸腔塞满了棉花，

我要死去。

我问你，那个人一共偷走了多少骨头，

为什么现在的我像滩烂泥？

不知道。你说。

你开始往远处走。白色背心的一角飘啊飘。

你傻呼呼地走，

举起右手掌对着阳光仔细看，

然后挠挠屁股。

你的轮廓烧起来，

像个灿烂的幽灵。

我看着你在远处玩，

也开始假装自由地旋转。

我转了多少圈，

为什么还是这么平静？

是啊，他笑得那么无邪。

我怎么看不见他的眼睛。

我旋转到背上只剩下一排苍白的洞，

迫不及待看你柔和鬓角上一滴可爱汗珠，

还有嫩嫩的耳朵。

阳光照过来，

温柔稀疏的绒毛就飘荡。

你的眉毛生了锈。

我踮脚看你。可是膝盖咯嘣响。

我的丑陋牙齿也在打滑。

你坚硬地笑，推开我问，

不回家吗？

我还是微妙地贴着你，说，

我喜欢你的小光脚，

还有圆乎乎的屁股。

我带你见那个男人，你要保持沉默，

要陪着我，

要存在着像我的皮肤。

你说我生病了。

你看到我的心脏在缩小，在干燥，

上面还长出一小副烧伤了的翅膀。

你要我去你的房间等，

里面有加了钙的糖。

你说吃完六颗，

我的身体就不会这样沉重。

我放开你的手，说，

昨天晚上，

下面长出了一根褐色卷曲的毛，

我剪掉它冻在桔肉里面。

刚才我去看了，

它正在僻里啪啦地生长出枯枝！

每天，

我还是看见圆乎乎的，

戴着红色帽子的婴儿脑袋，

还有扁平仍然滚动的车轮。

我头上的瘀痂越长越多，

光秃秃出不了头发。

虫子还是在血管里走。

你不说话，

把我的骨头摇晃得叮叮咣咣。

— 塔桥 —

我就一个人去见他。

我走进一个小小的院子，

闻到火烛和臭鱼的气味。

两边的房屋燃烧殆尽，

错乱框架鬼魅地倒塌。

我站在中间，

就像后头那面空洞的天空。

老人们走出来，

折转头看我，面目也燃烧殆尽。

他从口袋拿出半齿黑色梳子，

为左边的老婆婆梳头。

他微笑着，

从前额的发际刮过头皮，

一直梳到她皱耷耷的后脖颈。

她闭上眼，

捋鱼刺一样动着腮帮，

吐出一副鲜红色领结为他扎上。

我的肾脏结起一堆尘埃。

我听到了他。

他一直跟着我，看我笨拙的脚步。

我知道他懒散地低头走，

把我的脊椎当箫吹。

他有突兀的肩膀，

积着明净的水。

我大叫一声，把心挖出来给他看。

他把脸侧向一边，

伸出粉红色舌尖，

轻轻蘸了下肩涡里的水，

天鹅一样俊美。

他说，我不要。

要这心脏做什么。

我又拆下小拇指的一个关节给他。

他还不满足，继续拿走我的骨头。

我只剩下一点点皮肉，

和放不出来的血。

我绵乎乎地走着，

拐进右边黑色低矮的楼道。

我摸到油腻的灯线，拉了三次，没有亮光。

往前走两小步，

左脚尖触着一节浅浅的台阶。

我抬脚上去，

杂木屑钻进肉里。

垃圾门的铁栓松开，

我的胃液也从腮帮挤出来。

他漂亮的手爬过来，拿走了我的腰。

我的腰胀得肥肿，

他的手就一直拽一直拽，

腰上的皮像蛋糕周围的奶油褶皱，

倒挂在墙上。

他站在楼梯的最高处，

托着两朵奶油，

哼着曼妙的歌涂在脸上。

他哈哈大笑，

年轻的脸一片模糊。

我努力爬，

可下半身一直滑下去，

掉在拐角。

喂，给你变个魔术吧。

他变成一个透明的囊。

这只透明的囊变浓变厚，

结满奶白色骨头，

很悦耳。

门摇晃地开了。

他厚厚地笑，

手臂指向房间里,

然后退进旁边的黑暗。

里面有人说话,快点快点,到了。

从那里,

卷出暗黄色木屑和枯树枝,

还有一长条清凉的光。

我走入那光,

看见一个旧阳台的角落。

穿红色毛裤的女孩,

坐在灰色矮木凳上擦皮鞋,

露出白嫩嫩的小屁股。

她的左手掌套进白色小皮鞋里,

右手拿着薄手巾晃晃荡荡使劲蹭,

盘扣叮啷响。

她微微喘气,

发出小孩子专心的嗬嗬声。

精致的荷花领在她的细小脖子上,

散发潮湿奶味。

她没有看见我,

撅起右半边屁股抓痒，

然后继续擦她的皮鞋头。

我就看她粉嫩的鼻尖和小小的白牙齿。

她就那么小小一陀，

像块红糖糍粑，

开心绵软地笑。

我正要拉她的胳膊肘，

她抬起头清朗地应了一声，

把皮鞋搁在板凳边，

就啪啦啦跑进去。

她跑到屋中间的方桌前，

嫩下巴搁在桌沿，

踮脚盯着桌上的饭菜看，

又吱溜跑走。

我突然很累，越来越虚弱。

我走到旁边的紫色小床边上，

蹭掉粘着泥渣的鞋，

一节节躺下。

她跑回来，

抱着一摞折成长条的灰扑扑的黄草纸，

把它们垫在凳子上坐上去。

她想拿一块有花纹的猪肉冻吃，

红色毛衣的袖口钩住桌角翘起来的塑料皮，

嘣的一声，弹进我耳朵里。

她仔细盯着肉冻看，薄薄的手指甲沁出油来。

她把肉冻放在门牙和下齿中间咬了一口，

边嚼边看。

我的右腮帮里发出微妙的回响。

我张开嘴，

从板牙的洞里拿出一颗白净的软骨。

等我撑起身体看时，

她又不见了。

我扶着桌角站起来，

看见一大盘黑木耳蒸鱼糕，

和菠菜猪肝汤。

我撕了一块鱼糕边上的蛋皮吃了，

尝不出一点味道。

灶台上的圆锅烘烘颠簸着，

盖子边缘扑出热气。

我把手缩在袖子里提起锅盖，

里面有红色细长的薄皮红薯。

我用筷子戳戳，蒸透了，

就端起锅稀稀拉拉地跑出去放在饭桌上。

小女孩靠在水表箱下的墙上，

啃着一节排骨看我。

她吧唧啃着，

不剩一点筋筋挂挂的肉。

那支扁扁的骨头出现裂纹，

她还是睁大眼睛看着我，

不慌不忙地咬，

嘴角渗出血。

我摆手叫她停下来，

她只是摸了摸黑色短发，

又蹭上了垫着黄草纸的椅子坐好。

她晃荡两只小脚，

鼓出白腮帮对着空空的拳头吹了口气，

摊开手朝我做了个鬼脸。

她用筷子戳起一只红薯，

又摇头晃脑愉快吃起来，

再也不看我。

我绕过桌子走进细长的阳台。

石灰墙在僵硬的大窗户下暗淡腐朽。

走廊右边的尽头是个一平米的厕所，

轰隆隆的洗衣机在转。

小女孩暖乎乎的背影，

在锈迹斑斑的走廊正中间。

她摇晃着踮起脚，然后侧过身，

右边眉毛角翘起一个三角形的淡淡的窝。

我趴在窗户上往下看，

搭棚上全是青黄鸟粪和碎叶，

还有腐鱼。

一只圆乎乎的短肩膀露出门洞子，

原来是你。

你走出来，穿一件蓝色毛衣。

坚硬的领裹着脖子，

挡住了漂亮的下唇。

你抬头,

挥手要我下去。

－ 有才华的蛋 －

我伸出短脖子吐了一口气。

往下看你，

你正踏着两只青绿色的微笑着的鸟，

没有表情地舞蹈。

你旋转到屋檐下，

又白鼓鼓飘出来，

我心里一片浓稠的血。

你明明知道，

是什么东西，从来没有离开过我。

所以，

你是来接我了。是吗？

你搓一搓发红的手指，

眼睛也是红的。

为了接我，你说你弄丢了一个红豆包。

滚热滚热的，

里面的馅滑的像小孩子的血。

我心里好不舒服。

我说我死了算了。

我扯断头发，

把丑陋的我摔到地上，

顺着上面湿漉漉的纹路，

边走边叫。

可是我的微笑不天真，

还带着颗粒。

和这么混浊的我在一起，

你一声不响，

也不生气。

你拽起我飞快地跑回家。

我的热量被一节一节抽走。

我说真冷啊。

你就给我一把红色的新牙刷。

我看看自己没有形状的乌黑嘴唇,

上面还有酱色的斑纹。

我就一直刷, 一直刷,

直到它们发白,

才感觉到热量在烧。

你用下巴轻轻点了一下我的肩膀说,

你从来不刷舌头的吗?

噢。

我就开始刷舌头。

舌头从两侧呃的一下卷到中间,

身体里的线想出来。

我就哇一声吐了。

你跳起来笑得那么大声,

那么不真。

我从没想过,

原来你会笑得这么大声。

你快活地乱抓，

脑袋左右蹭，在脸上挖出坑。

我嘲笑了你整个晚上。

我把坑坑洼洼的人中给你看，

上嘴唇右边真的长了软软的胡子。

我说我会变成男人。

有轻轻的身体，还会穿彩色的衣服。

你打了个哈欠翻过身。

床唧唧发出声响。

我看着你鼓鼓的头，就又扳你过来，爬到你肚子上。

你的血管在脖子右侧皮肤下跳啊跳。

我就想把你上嘴唇中间那一小揪可爱的肉，

咬下来。

我把食指伸过去，

轻轻拨了一下你的上嘴唇，

噗。多动人的声音。

我摸摸自己的左耳垂，

又软又热。

我不再想要你在人间，

我要把你塞进肚子里。

是我不正常，

我神经衰弱。

我想念你。

即便你黑暗，

你仍然是我身体里亮着的那一半光。

然后，

该进入我爱的隧道了。

那个湿淋淋的女人拖着她的子宫，

咝咝咝。

她坐到我右边，说你永远都只是个小孩子。

可我已经老去。

我盯着你看，

这时的你血肉模糊。

我的左耳和右耳里面轰鸣一片。

我的皮好干，

种满了疹子。

我离你远一点坐下，

热量就飘走。

我很惊讶。

原来只要离你远一点。

我什么都不是。

我的体内有太多血糖，总是想睡觉。

我的鼻息腐朽。

我的左眼珠越来越小。

我从出生就开始老去。

女人兴奋地笑，

锋利的手指扎进我乳头中间的褶皱。

你的弯眉毛动了一下，

那女人就眦溜跑开了。

你把头埋在我肩膀里，好长时间。

有水滴到骨头里。

我就想起那个人的肩膀，

是否也刚好，放下我的头。

你打了个哈欠，

脸成了杏仁形状。

你走到那面苍白的墙前背对我，

身体像烧着的纸蜷缩。

原来你的肩膀很坚硬。

它炙热地抖动。

你回头冲我傻笑。

我低头不看你，

大大擤了几下鼻涕，缩起腿抱紧双臂，

重重地呼吸。

我的胃就要蹦出来。

它燃烧，

向地上映出吱吱的光影。

它在你周围扑来扑去，

你转过身，白色衣襟也嗖嗖嗖地抖动。

你浑身是血。

太漂亮。

你拿掉心脏，把它放在了右边。

你疲倦地走过来说，

不用怕，

现在我们是两个身体的距离，

没有比这更亲近了。

血墙还在烧。

那些火在说悄悄话，

说要吃掉我。

我看着那颗长得像番茄的心脏，

开始有些妒忌。

原来，

你有那么多的热量，

那么大的才华。

− 摇篮曲 −

我食不言睡不语,

不坦胸露乳,

不喋喋不休。

我,

是一个不谙世事与世无争的真空女子。

地上那么多条虫,

条条都长着眼睛。

我突然有了狂乱的革命感。

这样才是繁荣。

这样的我,

才风度翩翩。

我用逃离治了那狭隘,

总算离开了令人不安的和谐。

醒来时,

我的子宫一片乌红。

鼻子凑近最红的部分闻啊闻。

眼抖了一下。

原来我也是热的。

我被裹住,一头栽进去。

很香甜,很香甜。她们在说话。

我扯开一处小口,

看见好多吸在棉花上的小血仔。

那么多,

好想一个一个轻轻捏破。

啪。

我再也等不及捏碎她,

那么小那么精致的,

子宫里的血。

我很满足。

可是，我的子宫长满了斑点。

我看到它咕噜晃动。

于是我趴着睡觉，想让她们平静。

我听不到自己的心跳。

但我的形状，

最外层的所有知觉，

是那么清晰。

我的指尖，

后腰，

膝盖，

脚踝。

我的一层。一层。

周围有水。一波一波。

我是一面长满破洞的旗。

后来我回想着，

某个人用手掌，

慢慢盖住我的脊椎顶端，不停下楼上楼。

那么均匀的脚步。

我坐起来，

把子宫折得扁扁的。

拔出身体里的光辉绑住自己。

你凑近我，

吧唧吧唧眨着眼皮夹我的脸，

发出嗡嗡声音。

我突然翻过身盖住你脆脆的嘴。

你的表情那么透明，

我看得心脏都掉到胃里。

这时候，

我依然什么都不是。

一艘巨轮压过我的脊背，

我趴在一块血冰上，

空出一只手，

挠着后脑勺没有空气的地方。

两个人，

粘得那么紧，

低头走向我。

又两个人，

粘得那么紧，

低头走向我。

身后有一种东西凶猛地追我。

它的爪子细长锋利。

我用力爬过铺着尼龙绳的一格格山坡，

眼前是无数白色优美的窗户，

窗台右边都有淡黄的小花。

我想，

这就是我的家。

一个不认识的女人对我微笑。

她是妈妈。

可我从不知道，

家的窗台右边曾经有小黄花。

你呼噜噜翻过身，然后又睡着。

你右侧颈轻快地跳动。

你的眼睛是叶子，

翘出一小根睫毛。

而我又湿又冷，

又想穿透你温暖的身体，

看烟雾从你皮肤里腾起。

你左侧脸的肉，

还软乎乎陷在枕头里。

我愚笨的手指会滑过你的腮帮，

最后离开。

我把看到的所有黑贴在暗黄皮肤上，

拼命啃着你的光亮。

我摇醒你说，

睡不着了。

你哦了一声，

嘟嘴轻轻蹭我的鼻尖。

想咬你。

那么想。那么想。

如果可以吃掉你，

我会有多么满足。

用我的舌刷平你的每一根汗毛，

听它们发出洁白的声音。

然后，

我吮吸你的皮肤。

很慢。

非常慢。

睡了好久后，

我的左脸还粘在你手臂上。

我还想亲你手臂上的汗毛的时候，

你开始摩擦我。

肚脐上的红色纽扣炙热地响。

它一闪一闪，

里面有我平凡的脸，

很雀跃。

你调皮地斜眼看我。

龇牙咧嘴要啃我。

我闭上眼睛愉快地等。

可是你收好牙齿，摸我。

这么轻，这么柔。

你的手掌轻拢住我，

中指滑到我的脊椎底端。

我想把自己拉成一条影子。

影子跑啊跑，

划过好多长满黑白颗粒的天空，

摇摇欲坠。

这影子那么长，

我看着它，

耳朵里的音乐叮咚响。

就这样让我死。

让我被自己奔跑的影子刺穿，

扯烂。

我叫得那么大声，

你却没有声音，

是个正在安睡的小婴儿。

我不停亲你的胃，

吧嗒吧嗒。

它这么可爱，

怎么亲也不够。

我磨着你，

感觉你从温热柔软，

成为一坡山丘，

我内心的贪婪才甜蜜微笑。

它在我左侧乳房靠近胳肢窝的地方，

很得意。

它陪着心跳不停涨。

你说我像刚蒸好的小馒头。

我就吱吱呀呀跟你裹得更紧，

觉得你是在爱我。

现在，

有你在旁边，

我像从未降临过这个世界，

又呆又傻。

身体里有种东西，

开始收缩，

紧紧地不想轻易松开。

我钻进你，

躲在里面缩成球，

让你装着。

天气温和。

我把头偏向右边，

让发梢懒洋洋划过左侧颈。

白色短袖包裹你轻飘飘的手臂。

我发现，

这样的自己，什么也做不了。

我在带着风的阳光里。

它们一圈一圈荡进我的阴暗，

我听到自己的卑微抖了一下。

你是那么的好。

我怎么会伤害你。

你总是有那么多热量，

它们让我生不如死。

我只会越来越轻。

我看到我们每天抱着睡，

最后长在了一起。

我的屁股顶住你的肚脐，

我们摇晃，

左摇右晃。

我们嗡嗡嗡叫着，

甜蜜地发抖。

然后你成了我的孩子，

每天被我攒着。

星期天你还会变成小矮人，

睡进我的口袋，

跟着我屁颠屁颠。

你总想从被子里伸出手挠耳朵，

我精疲力尽地抵抗你，

不让你继续长大。

你就把我像书一样捆在背上。

你高举着两只手柄，

坐在一个蓬松的枕头上，

蹭出了地面。

我呃呃大叫，

不要呀不要呀，飞起来了！

你却不看我一眼。

粗大的风刮着你，

你像陀烤焦的包谷。

我们颠簸，

我的子宫也掉了出来。

你回头嘻嘻问我，

还要不要你长大。

我动荡的影子就要吃进地里，

还有疙疙瘩瘩的声音。

我用指甲刮了刮冰凉的腰说，

随你。

你不吭声。

我们上了一个宽大的土坡。那里满是尘灰。

坡这么长，

转角又是一个坡。

我在谁灰白的舌头上行走，怕得要死。

下眼皮挂到嘴边，

口水也流出来。

我伸手想抓住你，

却刨到一指甲湿漉漉的黄海绵。

我光着脚踹你的背，

你坚硬的骨头刺出来，

扎进我脚心。

你的脊背开始冒泡，

我折断了左腿揍你。

你捡起它，

收进脖子旁边的篮子。

我被吹成一条线，

扁平的乳头和鸡皮疙瘩就串在线上，

叮呤哐啷。

一条黑绿色的腿笔直弹过来，

我吓到舌头缩进喉咙里。

齿也碎掉，磨损了舌系带。

我抽你，

你肿得像个吃饱了水的沙包。

我折断另一只腿递给你说，

杀了我，你杀了我呀。

你的小耳朵抖了抖，

清晰的眼角垂下去。

你是个疯女人。你说。

我拉开头发尖叫，

骨头全部碎成河。

呼啦啦蓝色的风，

还在我的右肩膀里，要嚼烂我最后一点形状。

我要所有的器官离开，

我要她们血肉模糊，

在路上乱跑乱爬。

我要你割我的大腿，

直到听见我沉闷断裂。

你要把我抛到空中，

砸烂那些鲜红嘴唇乌黑眼圈的女人，

然后，

把腐烂的小鹿，

揉进她们的阴道里，

直到她们迷糊地微笑。

直到她们的粘液，

裹住粗燥的身体，

变成一粒发黄的大米。

灰尘塞满鼻孔，

我用舌尖勾勾门牙，

就蹦到你脊背上。

我一口咬下去。

嗯嗯。

我咬下去，

欲望都在心脏里乱撞。

我可以从腋窝掰断你两只手臂抱在我胃里，

然后吃掉你幼白的光屁股。

我扯掉你所有的筋肉，

你会像一堆麻绳，

散落在我冰冻的肩膀上，

然后长进我身体。

可是你转过来，

用四肢，

锁住我不得动弹。

枯枝从你脚板底又长出来，牵出我。

粉末状的泥土蒙住我的所有出口。

红色风景呼啸而过，

把我拉成一丝一丝。

你靠着我扭曲的下巴，

眼睛就要喷出水。

你的皮肤轻轻跳，

伸出湿暖的舌头，

舔我身体里的冰川。

我的脖颈像棵扭曲的老树，

纠结蔓延。

我那么用力，

身体却没有了，

像云在空中晃。

我的骨骼在你的山丘上，

潮湿长出芽。

你用胃捂住她们，

在我身上滑翔。

她们漫过脊背，

几乎把我淹没。

空气开始缩小，

压碎我的意识。

我把手伸进你，

数着你每一根肋骨，说，

我要回去。

你把我拔出来，

白花花晾在肩上。

我滚烫着的腰，

就要涨出血红色的翼。

我要回去，我说。

— 隐秘的盛世 —

两片日光夹进来。

你像只松鼠弹来弹去，

说窗户太小。

你的嘴唇长得那么骄傲。

可是我那么闷，无事可做。

我对你睁大眼喂喂大叫。

你说，等着，

然后把我像块年糕一样抱起来。

我扁起嘴，

在你下巴里蹭来蹭去。

你手臂上的毛好暖和。

脖子上一条两条，

脏脏的细纹。

小骨头下巴的柔和弧线，

唧唧唧裂开，

里面伸出两条白白的小腿荡啊荡。

我翘起双腿。

你无可奈何地看我，

然后横着抱起我。

我的脚尖，

在墙上吱吱吱地刮。

我像烟一样，

飘进你的嘴唇。

我脱掉衣服，

套着你的白 T 恤手舞足蹈。

你在我的后背上划满一个圈说，

背上有淤血。

我说，我一点都不怕。

我让你坐在不远的角落,

看它灰暗地冷却。

我在有边缘的空中飞,

抱着自己的线。

当你的脚步声过来时,

我就收好线裹住你的腰。

我说,

这巷子有那么长的墙,

那么多的颜色,

那么多的文字。

我可以刷干净他们。

我们就住在里。

于是我就开始刷他们。

于是我有了很多很多层的痂,

像另一格坚固的自己。

我转过身闭上眼,

一块一块剥下来。

我精神涣散,

偶尔摸到一些潮湿的东西。

舌尖和眼珠不停转动。

我享受着用指甲掰掉瘀痂的快感。

他妈的红色心脏。

我缩起身体十秒钟，

她就消失掉。

他妈的红色心脏，

让我眩晕，

让我孤单。

是颗破心脏。

爪子在胃里抓，

我的眼睛只看到越来越大的颗粒。

我说，让一让。

他们白花花地笑。

我就更用力地，

搓墙上的痂，

直到露出骨头。

我一点都不快乐。

而你的嘴唇像波浪。

一层。两层。三层。

从现在开始，

如果我每天刮那些坚硬的墙壁，

我还会无所事事吗？

你把金色糖粉放进长满条纹的发丝，

清脆地拔她们。

她们咻咻咻淌进你的口腔，

呛到你咳嗽。

他们说我有病，

要把针头插进我血管的时候，

我忘了，

我的左手臂，

正放在旁边一段一段的阳光里。

有个穿黑背心的瘦小男人，

在我的大玻璃床上走来走去，

炫耀他漂亮的粉红色吊带。

然后他坐下来问，有火吗？

我想了想，

抽出一小节阳光给他。

他吧叽吧叽点了火说，陪我坐坐吧。

他苍白得颤抖，

像在要一碗白开水。

他没有心跳，一声不响，

身体猛烈地哭泣，像条淡黄色的冻鱼。

他从背后用腿缠住我的胃。

我觉得自己像伟大的雕塑。

突然，

他用手挡着我。

你是谁？

不要骗我。

他光着脚像只跳蚤，不得安宁。

他打我屁股，

说这不算什么，然后，

又打我的脸。

我闭上眼，

等那灼热退去。

我说，你心里有虫子才咬人。

他疯癫跑过来，

狠狠在我左手臂上咬了一口，

红色咬痕慢慢蕴开。

这时，又有虫在我肛门附近经过。

他们的眼睛朝上翻，

盯着我的心脏。

滚开！

我甩手招呼他们离开。

他要我脱了裤子，

让他掰开两片扁屁股，

对着里面哈气。

他们很兴奋。他说。

我的屁股非常痒。

虫们在里面跑来跑去，

不让我抓到。

他们长相腼腆动作笨拙，

像第一次做爱的男人。

他毛茸茸的手戳伤我的屁股，

虫们就睡在上面，

蠕蠕动弹,

无比可爱。

甚至还没睁开眼睛。

所有光亮来不及吹过就不见。

我还是没死成。

他又跳到左边,

盯着黑色指甲发呆, 说我骗他,

说我不陪他。

他站起来又坠下,

在这个结界里撞来撞去,

不停说着我骗他。

我忘了,

自己的左手臂放在旁边一段一段的阳光里。

我推一下,

他就穿过一直盯着我们的大狮子的身体。

那是一只非常漂亮的大狮子。

咯。

我打了一格长长的饱嗝。

周围的人和动物丑的像腐蚀的砖。

我就又买了五颜六色的硬糖泼到嘴里，

让她们愉悦我的舌头。

哐啷。

哐啷。

她们光滑完整。甜的发烫。

我看着自己的模糊身体，

觉得无聊透顶。

我开始慢慢折这个身体。

左右两半。

然后是上下。

然后又是左右。

慢慢慢慢，

我就没有了。

如孤单的繁华，

殆尽。

可是，呼。

我又出现了。

脸越来越黄越来越燥，

像丢在阳台上的铅笔屑。

鼻子上这么多雀斑，

怎么也擦不掉。

我的嘴唇很薄，

完全不长肉。

两只小锤在我的太阳穴偏后的地方不停敲。

眼前的东西，

往上下左右扩散。

它们不在中间。

我就头疼恶心。

我什么都做不了。

我把下巴搁在膝盖上，

磕磕撞撞。

你还是那么天真地看着我。

我知道，

总有一天自己会吃掉你。

我封住鼻孔，

你再靠近，

也闻不到你的气味。

我蒙住双眼，

你再靠近，

也看不到你对称的叶子一样的眼睛，

我塞住耳朵，

你再靠近，

就听不到你呵呵的笑声。

咿咿呀呀。

我用红色的胶布贴住他们。

比我的肉体和精神更鲜艳的红。

我应该挖出心脏，

揉捏它到爆裂。

我看到自己死前，

眼睛惶恐大睁着。

就那么睁着，眨都不眨一下。

可能，

我听着灶台水烧开的声音死掉。

看着路人的脚尖死掉。

或者，

闻着公园长椅上的鸟粪死掉。

我会因为懒惰而没有遗产。

没有人帮我收尸。

我的子女会是陌生人。

他们和我长得不一样，

就是陌生人。

所有的事情，

全部会发生。

就会发生。

我死前，会看到黄色的墙。

树枝上挂着一对眼睛。

水面上有花。

我的身体，

如果它一直都腐烂着，

我才不会害怕。

我不会被火烧掉然后剩下灰烬。

我的左肩会最先开始消失。

我呲呲作响。

我前后晃，

双臂后侧的肉开始温暖，

手肘咯吱碎掉。

我再也不想往镜子里看。

我拉长脖子，

鲜血就噗一下喷了。

我的手。

不是我的手。

是另外一个人的手。

它们从没抓住过想要的。

我不停地咳，

喉咙里咳出毛球。

你抱着腿蹲在半片阳光里，

看我惊慌失措。

然后你走过来，

掰开我的嘴，

在我的舌头中央，

放一颗火红的糖。

我就咻一下，睡着。

－ 无冬之江 －

他把脖子缩到衣领里，

肩膀长出角。

我拿着两只黑幽幽的糖糍粑，

看着他又黑又密的头发和白色的脸，

在雨里飘来飘去。

这张脸不看我，

吃掉雨水里的所有灯光。

我在对街角落盯着他看，

看这个干净透着光的幽灵。

黑乎乎的糖流到我的手丫里，

烫掉几根干枯的毛。

我看看自己就要裂开的脚踝，跟着他。

他明净的膜，

挡住我凌乱的身体。

我像烧瘪的纸灯笼，

耳背后还散出灰烬。

人们看我，

他却一直走着，

手臂华丽如钟摆，

骨头嶙峋绚亮。

他打开鲜红的伞，

我只能看到他，

尖锐的手肘。

他蹲下身系鞋带的时候，

我也拉长脊椎，拼命啃我硕大冰凉的膝盖骨。

他怎么可以，这么平静地行走。

我拉开脚踝的伤口跑过去。

他拎起伞的一角看我，

像在看软绵绵坠落的雨水。

后面有人推了我一下，

伞轱辘戳进我的右眼。

红伞这么红，他白皙的皮肤，

也红了。

他在我面前，

热乎乎的，

像我刚捏过的黄糖糍粑。

我噼里啪啦，

拔开雨衣的扣子，

光着身站在他面前。

雨真冷，

我黑暗的乳头就挺立起来。

我走近他，走近他，

夹他在怀里猛烈地吸。

他咳嗽起来，

把牙吐进我的喉咙，

他干硬的手堵住我滚烫的右眼，

我就夹得更紧，

要压碎他的肩胛骨。

我，

们，

像两片铁锈亲吻。

我把他的头搁在右肩窝里，

浓密的黑头发蹭着我的脖根子。

我快乐，

要喷发，

身体浸入雨水变成一层膜。

它咕咕噜噜抖动着，

想要吃掉他。

可他用伞柄戳我的背，一下，

两下，

三下。

背裂开，

潮湿的虫爬出缝隙，顺着我的脊椎，

在腹股沟盘旋。

他凶猛拍打我的乳房，

要把她们打进我的胸腔。

我的心脏弹出来。

我松开他，

折过手肘摸背上的裂缝。

那些虫也停下来，

缩在伤口的边缘看。

他盯着我，像盯着软绵绵坠落的雨水。

我拣起雨衣套上，

吧嗒吧嗒扣好白色的扣子。

雨衣吸住屁股，

我是个粘在保鲜膜里的糯米包油条。

我拉起他松散的右手，

从手腕，

轻轻划进他掌心。

他扔掉红伞跑起来，

黑睫毛落了一地。

我从阴道里挖出一支黑色羽毛，

把她扫进手窝，

那里就焱焱生出黑色的斑痕。

我把羽毛收在耳后，

捋了捋冰凉的耳垂，

撑起他的伞就追。

炒瓜籽的先生前前后后筛他的沙，

看它们沉甸甸飞进我，

笑得跟盐灰一样咸。

我的眼角，

就又长出一颗黑色的石头。

我拧断伞柄，

看这朵红花在雨里唆啰旋转。

他迟疑地躲在一支电线杆后面说，

不要过来，别跟着我。

他，

还是不记得我。

我，

在他闪烁透亮的侧脸上孜孜不倦，

他还是，

记不得我。

我走过去,

踩着明亮的鱼鳞和鳝鱼骨头。

臭豆腐鼓起第一个泡,

热熏熏的稀辣酱上浮着一片烂香菜。

我很饿,

身体里的血,

发出清脆的声音,

射穿皮囊。

他脸的边缘卷起,

变成一坨长在电线杆上的,

皱巴巴的菌。

我想给他遮雨,

那菌子突然缩成一颗黑痣, 说,

离我远点! 你到底想搞什么!

我震惊极了,

吃了一只飞蛾,

和它呛出的血。

我说, 你不记得了吗,

那个冰凉的雨天,

你蹲在学校花台的边缘。

我像棵树低头看你，

想把手放在你浓密的头发上。

我挤紧肩膀，

嗖嗖踏着自行车，

穿过你，

你还对我幸灾乐祸地笑是不是？

他从电线杆后出来，

脸还是白的像苹果肉。

一个小小的赤裸的我，

从他心脏爬出来。

两个小小的赤裸的我，

爬出来。

她们悲伤的叫声被雨点打碎。

我走过去，

从他胸脯上捻起她们，

放进雨衣口袋。

他温和了，

弥漫起烫酒的气味。

他的嘴说，

别伤心，

或许有一天，你也会像一朵云，牵走我的心脏。

我啊一声尖叫，给他抖擞的拥抱说，

闭嘴！

你的心脏就是我的云！

我是要裹在里头看烟光听雷鸣！

我从头到尾，

就是你毛孔里的微尘！

我要附着你，

封住你所有的窗口，

让你靠着自己的窗棂，

观赏我的断壁残垣！

可那时，

他爱上一个眉毛笔直长着酒窝的女人，

她的名字，

像蜘蛛网切碎了他的心。

最开始，

他站在那女人面前，

看她低垂的视线。

他沉默得很美，

像我丢掉的整个世界。

他在信笺纸上写了女人的名字，

善良地对我说，

不要告诉别人。

我说好。

我妒忌她的名字，

笔画复杂，

能让他写出好看的形状。

可我的名字太单薄，

像散落的铅笔灰，

还吹不干净。

我的脚掌在地上磨出一堆死皮。

我把它们一片片捡起来，

飞撒。

板栗壳刺穿脚心，

稀稀拉拉挂出黄色的筋。

我说，现在的我，

像不像只满是泥浆的白萝卜。

他疑惑地倒下去，

像片薄芝麻糖。

他的红色伞悠然插进心脏，

让我刚好睡在下面，

抚摸他光亮的喉结。

小小赤裸的我又跑出来，

绕着凉菜铺顶上红色油亮的带子和苍蝇们，

一起旋转。

我摊开他僵硬的拳头，

放在我左边乳房上。

我笑成虫子钻进他的指甲缝。

雨停下来，

油腻的天空抹出一道鼻血。

阴道落下一只黑红的乒乓球，

我放进他右手心，

留作纪念。

— 花仙子的家 —

红色带血丝的膜，

在我头上荡漾。

人们都不记得我扁平的脸。

也认不出我光溜溜的身体。

我很干，

上嘴唇缝进门牙里，

咔咔地呼气，

吸气。

我走到一个缤纷的爆竹摊前，

红色的膜也跟着。

一个小女孩走过来，拿着一只大过她肩膀的碗。

她朝树后面的蓝色帐篷叫，

快点快点呀，有人要买鞭。

红色的膜缩成绸子花，

扎在她油晃晃的马尾上，

生出一丛鸡皮疙瘩。

我问她，

你喜欢哪一种呀？

她吐掉糖醋带鱼的刺，

用绿色塑料筷子指着一个爆竹，

叫花仙子。

我看着花仙子，

突然非常高兴。

她听见我零碎的笑声，

翻起眼珠，

看我胸前模糊的黑点。

我要了花仙子和一万发的喜临门，说，

今天万里无云，

我们炸个稀巴烂吧！

废了这白亮亮的光景！

长得象黄花草的老人，

又要我买了摇钱树，说，

这个好啊，

火树银花！

我乐得手发抖，

白色小孩癫狂地转，

我的肚子被他转成了卷筒洗衣机。

一个男人细细长长地说，

走，回去了。

女孩提起右边的假腿，

转身进了黑乎乎的蓝帐篷。

她踩过鱼骨头，

长脑袋掉进碗里。

绸子花钻进她脖子，

喷出好多殷红的花仙子。

我颠簸的屁股被木头屑戳出了血。

我漫长地爬过他的车，

缠住他的腰，

用舌头舔平他乌黑脖子上的沟壑。

车晃得更悠扬，

我的血，

高兴地吃进他的器官，

乳房就象红色爆竹，

噼里啪啦绽放。

我们在梯形的破旧巷口，

窃窃私语。

他推我进了角落，

把我在竹竿上架起。

我指着二楼断了墙面的阳台说，

这就是我家了。

他暖烘烘地搓着手，

跳来跳去，

秋裤裆里的玻璃球，

笑嘻嘻掉出来落到我脚边。

我上了楼，

他还是跳来跳去，

踢翻旁边的火盆。

我吹了口灰烬让他离开。

其实，我骗了他。

那不是我的家。

是煤老板和他的裁缝老婆的家。

他的裁缝老婆，

补了我父亲的冰川羽绒服，

消失了。

她还缝了条连衣裙，

让我像一朵泡肿了的向日葵。

我的家，

在植物园斜对面的巷子里。

我曾兢兢业业地从里头出来，

现在，

又要歪歪扭扭地回去了。

我缺钙，小腿抽筋，

地上的砖磕着我的脚，

身体里所有的星光，

被点亮。

我坐在红色的木板凳里，

没有咯吱的声音，

太安静。

我的屁股压着板凳脚摇啊摇，

对面遥远的阳光，

也在树叶缝隙里摇啊摇。

我的心噔噔噔，

好空旷。

我就一辈子坐在这板凳里，

地里的碎骨头碎肉也变成花鸟。

可是，

妈妈，

这板凳好小，

小到只能放我的心脏。

－ 给艾莱克斯－

在这偌大的荒芜里，

我用鬼神一样的壮烈姿势，

开着似锦繁花。

所以，

我一点也不忧伤。

剪了指甲，洗了头发，

干干净净。

如你一般。

你是这么美。

早就想对你说了，

真美。

www.ingramcontent.com/pod-product-compliance
Lightning Source LLC
Chambersburg PA
CBHW021405170526
45164CB00002B/515